Guión y textos: Carlos Echeverri
Diseño: Francisco Arredondo
Ilustraciones: Lidia Di Blasi

Campezo, s/n - 28022 Madrid
Tel.: 913 009 115 - Fax: 913 009 110
ediciones@todolibro.es

Busca y encuentra

LOS ANIMALITOS VOLADORES

TODOLIBRO

Así funciona este libro

Este libro cuenta las aventuras de tres pajarracos amigos que cruzan el cielo en busca de aventuras. Pero hoy se verán en peligro y sólo tú y tu ingenio podrán salvarlos de una muerte segura... en la cazuela.

En cada página doble encontrarás un problema que debes ayudar a resolver para que Paloma Sin Bacilo, la señora Gallina de Gallo y Golondrina de Verano logren alcanzar su objetivo: que el aire esté más transparente, limpiar las nubes de polvo y recuperar su inmensa blancura en el cielo azul.

Si no encuentras fácilmente las soluciones, mira las respuestas en las páginas 28-29.

Paloma Sin Bacilo

Es una paloma que canta y vuela. Siempre viaja con gorra y gafas de sol, y no le puede faltar su «discman» para escuchar música. Es moderna y guerrera. No es una blanca paloma, ni mucho menos... es gris con pintas blancas. Y es la jefa de la banda de aves que intentará hacer que el aire esté más limpio y puro.

Golondrina de Verano

Negrita y pequeña, Golondrina es la esposa del señor Verano, un viejo lobo de mar. Ella es rápida, inteligente y atrevida, y acompañará a sus amigas, Gallina y Paloma, en esta aventura.

Gallina de Gallo

La señora Gallina está casada con el señor Gallo. Es la primera gallina que ha cruzado el océano volando. Es valiente y no le tiene miedo a nada. Le encanta comer ensaladas y carne, así como tortilla de patatas. Es fuerte y será clave en la misión de limpiar el aire y las nubes.

Nubes de tormenta

Paloma, Gallina y Golondrina vuelan hacia la ciudad. Han dejado atrás el campo y quieren investigar por qué en la noche anterior cayó tanto hollín en la granja que tapó a todos los animales.

Señala 13 siluetas de animales de la granja, que ahora ves tapados por una capa negra de hollín. Busca una vaca, un perro, un caballo, un burro, dos patos, dos cerditos, dos ovejas, un gato, un gallo y un conejo.

La ciudad de las chimeneas

Las tres amigas llegan volando a la gran ciudad causante de la contaminación. Allí se dan cuenta de que existen nueve chimeneas diferentes que lanzan al aire polvo y veneno.

—Debemos tapar esas chimeneas —dice Gallina.

—Busquemos las tapas adecuadas para cada una de ellas —sugiere Paloma.

—Y coloquemos cada una sobre la chimenea correspondiente —añade Golondrina.

Busca la tapa que corresponde a cada chimenea. Fíjate muy bien en la forma de cada una de ellas.

Tiempo de lluvia

Las tres aves siguen su vuelo, aunque un poco desorientadas.
—¿Dónde vamos? —pregunta inquieta Gallina de Gallo.
—No sé, estoy perdida —responde Paloma Sin Bacilo, sin vacilar—. Busquemos alguna señal que nos indique el camino hacia las Nubes Lluviosas.
—¡Mirad hacia abajo, seguro que encontramos algo! —exclama Gallina.
—¡Qué rabia, entre tanto cacharro he perdido el «discman»! ¡Ayudadme a buscarlo, por favor! —les pide Paloma.

Observa bien todos los objetos que aparecen en la ilustración y busca tres paraguas para que las tres amigas puedan ir hacia las Nubes Lluviosas sin mojarse, y, por favor, ayúdales a encontrar el «discman».

El laberinto aéreo

Las tres amigas voladoras se enfrentan a un laberinto de nubes, del cual deberán salir rápidamente para poder pasar a la Cueva de los Vampiros.

—Y ahora, ¿qué hacemos? —pregunta Paloma.

—Tenemos que encontrar la salida del laberinto, ¡sin que nos parta un rayo! —exclama Golondrina.

—Yo no quiero ser gallina al carbón —susurra Gallina de Gallo, mientras entra en el laberinto de nubes.

Señala la ruta correcta que deben seguir Paloma, Gallina y Golondrina, sin atravesar nubes, rayos, nieve ni globos.

El ataque de los murciélagos

Superado el laberinto, Gallina, Paloma y Golondrina entran en la cueva… De pronto, una bandada de murciélagos se lanza contra las tres amigas y las ataca.

—¡Desaparezcamos! —exclama Golondrina, extendiendo las alas.

—¡Un momento, aquí está una de las claves! —dice Paloma Sin Bacilo.

Busca entre todos los murciélagos que pasan volando los seis que contaminan el ambiente y relaciónalos con las señales.

Los globos

Las tres amigas van encontrando las causas de la contaminación: humo, productos químicos, basura... De pronto, aparece ante sus ojos un espectáculo magnífico: un concurso de globos aerostáticos.

—¡Vamos a volar entre los globos, nos divertiremos! —dice Gallina—. En uno de ellos viaja el Hombre de Humo, el responsable de contaminar el planeta, ¡hay que localizarlo!

Señala los globos que llevan dibujos relacionados con la contaminación: cigarrillos, chimeneas... Busca también a un hombre que fuma mucho.

Las aves de rapiña

Después de descubrir al Hombre de Humo, las tres amigas continúan su misión. Súbitamente tras una nube aparecen unas aves dispuestas a atacar.

—¡Nos atacan! —grita Gallina, a la que la piel se le ha puesto de gallina.

—¡No nos dejan en paz! —dice Paloma Sin Bacilo, haciendo una maniobra para escapar de las garras de sus enemigas.

Señala cuáles son las aves rapaces que atacan a las tres amigas. Busca aquellas que tienen las garras y el pico más fuertes. Busca también un ave prehistórica.

Los animales de la granja

Desplumadas y maltrechas tras el ataque de las aves de rapiña, las tres amigas caen al suelo.

—¡Qué susto nos han dado! —exclama Gallina, colocándose la cresta.

—A mí me han quitado hasta la ramita de laurel que llevo a las batallas —cuenta Paloma.

—Yo creía que no llegaría al verano —añade Golondrina.

Mientras se recuperan, los animales de la granja vienen a ayudarlas.

Entre todos estos animales, busca un pavo, un pato, un ganso, un loro, un ratón y la ramita de laurel de Paloma.

¡Al agua, patos!

Las tres amigas siguen volando hasta que llegan a una fábrica junto al mar, con grandes chimeneas que envían toneladas de humo al aire.
—Aquí están los responsables de ensuciar las nubes —exclama Gallina.
—¡Vamos a apagarles la fábrica! —sugiere Paloma.
—Llamemos a los pelícanos, ellos nos ayudarán —añade Golondrina.
Y así, rápidamente, los pelícanos llegan con su inmenso pico lleno de agua y lo vacían en las chimeneas, apagándolas. Pero, ocultos y armados con escopetas, los Hombres de Humo acechan a las tres amigas; quieren hacer una cazuela de gallina, con pechuga de paloma y tiernas alitas de golondrina...

Encuentra rápidamente a los tres Hombres de Humo. Busca también un ave que no es un pelícano.

Colchón de nubes

Gallina, Paloma y Golondrina vuelan felices entre las nubes, que están más blancas que nunca. Y es hora de jugar, ya que el Hombre de Humo se hizo humo, las chimeneas dejaron de fumar y el aire se ha vuelto más transparente.

Observa bien estas nubes y señala cuáles tienen forma de animales.

Páginas 8-9

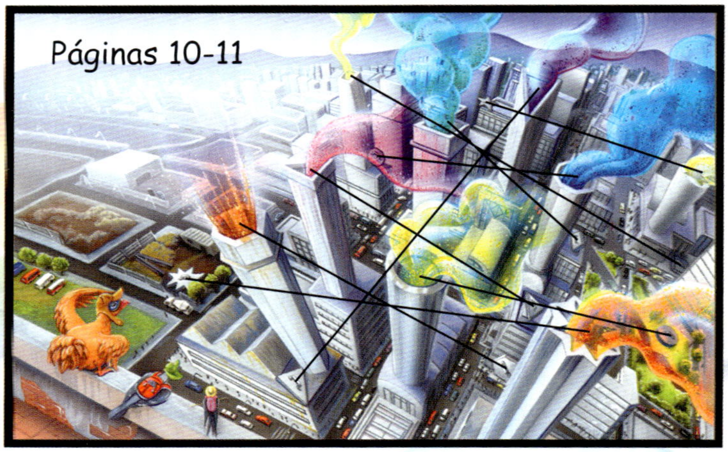
Páginas 10-11

Páginas 12-13

Páginas 14-15

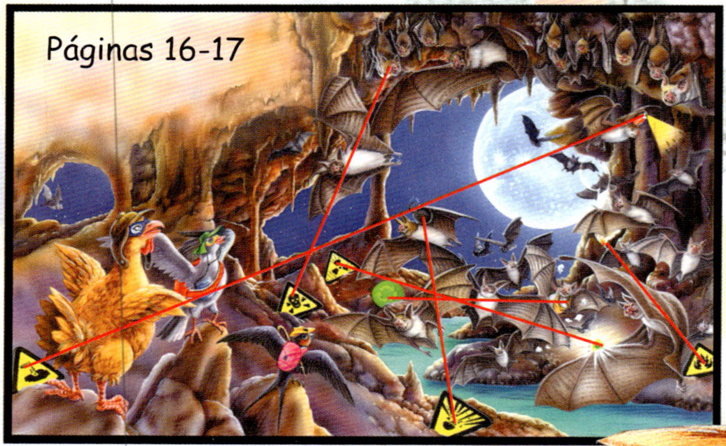
Páginas 16-17

Páginas 18-19

Páginas 20-21

Páginas 22-23

La solución a los enigmas

Páginas 24-25

Páginas 26-27